AF392406

GUÁRDAME EL SECRETO

ENKY GARCÍA

GUÁRDAME EL SECRETO

EXLIBRIC

ANTEQUERA 2022

GUÁRDAME EL SECRETO
© Enky García
Diseño de portada: Dpto. de Diseño Gráfico Exlibric

Iª edición

© ExLibric, 2022.

Editado por: ExLibric
c/ Cueva de Viera, 2, Local 3
Centro Negocios CADI
29200 Antequera (Málaga)
Teléfono: 952 70 60 04
Fax: 952 84 55 03
Correo electrónico: exlibric@exlibric.com
Internet: www.exlibric.com

ISBN: 978-84-19520-13-5
Depósito Legal: MA 1527-2022

Nota de la editorial: ExLibric pertenece a Innovación y Cualificación S. L.

ENKY GARCÍA

GUÁRDAME EL SECRETO

Antes de leer *Guárdame el secreto*

La curiosidad se puede traducir como una especie de instinto básico a través de la cual el ser humano consigue adquirir conocimientos, pues con ella se descubren nuevos mundos. Pero ¿qué pasa cuando encontramos ahí una parte lóbrega y desconocida que forma parte de nosotros mismos? Eso es precisamente lo que le pasa a Emma, la protagonista de la historia en la que estáis a punto de adentraros.

Esta obra no es más que una exposición, tal vez algo atrevida, surgida de un trabajo de fin de estudios que habla sobre un tema de doble cara: una de la que todos hablamos, condenamos de forma automática, centrándonos solamente en los hechos y obviando la raíz, y otra que está sepultada por el desconocimiento, pues este solo queda en manos de los expertos que lo estudian.

Así pues, el texto presentado es fruto de varios meses intentando responder a la pregunta «¿cuál es la raíz del abuso sexual infantil?», y cuyas investigaciones han conducido hasta la palabra «agresor». He ahí la razón de haber enfocado la obra *Guárdame el secreto* en él.

De manera que desde el teatro, una herramienta idónea para remover conciencias, se ha querido mostrar al espectador la mentalidad de este tipo de delincuentes, con el objetivo de aportar un grano de arena a la lucha contra una invisible *pandemia social,* como es la pedofilia, pues desde el escenario toda voz se oye mucho mejor.

En resumen, descubrir hasta dónde es capaz de llegar el ser humano, cuáles son sus límites, la curiosidad que ha surgido sobre este tema tabú y la lectura de una novela titulada *Un asesino cualquiera,* que ha servido como inspiración a la hora de desarrollar la historia de Emma, han sido también pilares fundamentales que sostienen este proyecto teatral.

*Presiente y teme la posibilidad de un encuentro
consigo mismo, sabe de la existencia de aquel espejo,
en el cual siente tan terrible necesidad de mirarse
y en el cual teme con mortal angustia verse reflejado.*

Hermann Hesse, *El lobo Estepario*

1. Espectáculo

Enano, Emma

EMMA *y* ENANO *en la puerta de entrada al patio de butacas. Una luz intensa, cálida y rojiza los ilumina, mientras se escucha de fondo una música que recuerda al cabaret.*

Enano: Guten abend.

Emma: *(Se da la vuelta. Lo mira con los ojos muy grandes, mordiéndose el labio, excitada y preocupada a un tiempo)* ¿Sí, qué quiere?

Enano: *(Se empieza a reír)* Tú ser spanisch, sí, spanisch, yo no equivocarme.

Emma: Pero… ¿Cómo sabe usted que…?

Enano: Yo estar muchos años por aquí en trabajo. Yo ver muchas personas con diferentes nacionalidades. Pero siempre hombres.

Emma: ¿Qué quiere decir?

Enano: Yo ver mujeres en vitrinas bailando, pero tú no.

Emma: Vengo de viaje. He venido sola. No conozco a nadie.

Enano: *(En alemán)* Ja…

Emma: ¿Qué es lo que quiere?… *(Hace el ademán de irse)*.

Enano: *(Poniéndole la mano en el hombro)* No, tú esperar.

Emma: *(Con cierto temor)* Disculpe, pero creo que se confunde. Como le he dicho, solo estoy de viaje, viendo el paisaje, no… «trabajo» aquí…, ¿Comprende?

Enano: Ja… Yo entender. Pero yo sé que tú quieres otra cosa.

Emma: ¿Cómo que otra cosa? Pero ¿a qué se refiere?

Enano: Yo querer enseñártela.

Emma: Mire, mire, déjeme en paz, ¿eh? Buenas noches… Perdón, quiero decir…, gute nacht.

Enano: No, tú esperar, yo querer hablarte de… *(En voz baja y con disimulo)* «animalitos».

Emma: ¿Qué?, ¿cómo?… De verdad, déjeme en paz o llamaré a la policía, ¿de acuerdo?

Enano: *(Se empieza a reír)* Policía no estar aquí, policía estar dormida.

Emma: ¡Joder! Tome, ¿quiere dinero, eh? Pues tome y márchese.

Enano: Yo saber que usted gusta animales, ¿verdad, spanisch?

Emma: *(Asiente sin comprender nada).*

Enano: Yo querer hablar de animales especiales… Yo querer hablar de… *(Se acerca un poco más)* «cachorros». Pequeños…, indefensos…, a veces hay que educarlos… Pero…

Emma: Bueno… La verdad es que podría interesarme *(vuelve a morderse el labio),* pero ¿de qué diablos hablamos?

Enano: Yo y amigos ser expertos en educar, yo sé que usted ser mujer, pero… Especial… Yo invitarle a asistir a espectáculo… especial…

Emma: ¿Un espectáculo? *(Pausa)* ¿Y de qué se trata?

El ENANO *señala la puerta del teatro, encima de la cual hay unos símbolos que están iluminados y que* EMMA *reconoce.*

Emma: ¿En serio, cuánto?

Enano: Seis mil.

Emma: *(Inquieta y dubitativa)* No llevo tanto encima…

Enano: Tú no preocupar, tú tener tarjeta segura.

Emma: Bueno…, sí…, compras por internet…

Enano: Ja, esa. Nuestro espectáculo valer todo eso, nosotros no defraudarte. Solo una experiencia en la vida, ¿ja? Espectáculo único, espectáculo fuerte, espectáculo duro, spanisch. Pero no ser skotse trie, no ser driekusman, no ser theaterarbeit… Mucho especial. Porque tú querer, tú gustar, pero tú no querer decir a amigos españoles, eso ser malo, yo ver en tus ojos que tú gustar. Yo llevar muchos años trabajando, conocer bien cuánto cabrona es gente. ¿Tú soñar?

Emma: *(Ansiosa)* Claro, claro, todo el mundo sueña. Yo también.

Enano: Ja, pero no toda gente sueña estas cosas, spanisch. Solo una oportunidad, tú disfrutarla, yo saberlo… *(Le entrega una máscara)* Seis mil dólares ser buen precio.

El ENANO *cierra la puerta de la sala de butacas y hace un gesto para que ella pase.* EMMA *se pone la máscara y accede en dirección a la primera fila. El* ENANO *va indicando al público que se coloque la máscara («Tú poner máscara», «No empezar hasta cubrir rostros»…).* EMMA *se sienta en el asiento junto al pasillo central. En el escenario, detrás de una gran pantalla blanca, se proyecta la sombra de una mesa amplia. Por la parte izquierda del escenario, aparece un* NIÑO *vestido de blanco, desorientado. Luego, desde el patio de butacas, sube al escenario un* HOMBRE CON MÁSCARA DORADA, *abraza tiernamente al* NIÑO *y le tapa la boca y la nariz. Seguidamente, este se desmaya. El* HOMBRE CON MÁSCARA DORADA *se lo lleva detrás de la pantalla; en sombra se ve cómo lo tiende sobre la mesa, cómo saca un cuchillo y cómo comienza a acuchillar al* NIÑO; *mientras golpea, exhala un gemido de esfuerzo. Oscuro.*

2. Soy Emma

Emma, Policía

Aparece EMMA *en mitad del escenario con un mono gris.*

Emma: *(Las manos le cubren el rostro. Llora)* ¡Descerebrados! Los odié. En ese momento pensé que eran unos monstruos que deberían acuchillarse ellos mismos. *(Al público)* Os juro que me he pellizcado una docena de veces para despertar: «No puede ser real, esto solo pasa en las películas». Aún no he despertado. Permanecí en el asiento con los ojos abiertos detrás de la máscara. Sentí miedo, rabia, impotencia; por segundos me olvidé de quién era: «¡Ah! Hola, me llamo Emma Orth, encantada. Soy periodista y he viajado hasta los Países Bajos por trabajo, por curiosidad». *(Al público)* Exacto, buena confesión, cu-rio-si-dad. ¿Conocéis la sensación de estar en un lugar desconocido, cuyas costumbres y personas también son desconocidas, donde puedes ir y venir como te plazca sin tener que dar explicación alguna? Así, sí te puedes concentrar en hacer un buen trabajo. Quiero ser una buena periodista; la mediocridad no va conmigo. Escribo historias desde pequeña, algunas inventadas y otras mitad imaginación y hechos reales. Luego me licencié en Periodismo, tengo un máster en Criminología y un buen puesto de trabajo que me da para vivir. Lo tengo todo gracias a mi esfuerzo, a mi investigación y a esa curiosidad y el amor al riesgo, que admito es algo que define totalmente mi personalidad. Una buena periodista debe adentrarse donde nadie se atreve, debe entrar en la boca del lobo y llenarse de baba *(se ríe).*

El POLICÍA *entra, lleva un pastel, se sienta en la mesa y comienza a degustarlo delante de* EMMA. *Ella le mira.*

Llevo muchos años de aquí para allá haciendo entrevistas, yendo a la puerta de las casas donde han asesinado niños a sangre fría, y ahí estaba yo, sí, hablando con los padres, los cuales resultaban, a veces, ser los asesinos. Sentía algo extraño cuando lo hacía, me pasa a menudo y no le encuentro explicación alguna. *(El* POLICÍA *empuja el pastel hacia ella)* He intentado analizar esas situaciones una y otra vez, *(le cede la cucharilla,* EMMA *la coge, sigue hablando mientras la mueve en el aire)* ser consciente de lo que pasa por mi puñetera cabeza en esos momentos.

(Prueba el pastel) ¡Mmmm, qué rico está este pastel! *(EMMA come el pastel con ansia. Pausa. Mientras se limpia con una servilleta)* Cuando entrevistaba a esos padres, intentaba mantenerme firme, lo prometo, pero algo dentro de mí me llevaba a otro sitio mucho más oscuro *(se chupa los dedos. A sí misma)* ¿Qué te pasa, Emma? ¿Por qué te sudan las manos, por qué te suda la frente, Emma? ¿Y ese hormigueo en el estómago?, ¡¿qué significa, Emma?! *(Al público)* Pese a ese cúmulo de sensaciones, allí sigo, con mi traje rojo de Carolina Herrera, haciendo preguntas, escuchando, anotando en mi cabeza, en el papel… ¡Siempre atenta, joder, siempre haciendo un trabajo excelente para escribir artículos incisivos en *Diario Voz*!

He descubierto que esa monotonía me deja medio llena, necesito algo más y sé que ahí fuera hay muchos otros mundos que ni ustedes conocen. Una mesa, personas enmascaradas, un niño… ¿Qué fue aquello? No lo comprendo, no comprendo absolutamente nada; solo pretendo ser testigo de las cosas que nos rodean cada día. Creo en Dios, voy a misa siempre que puedo, a escuchar su palabra, a confesar mis pecados: «Dios siempre perdona», mis padres me lo repetían constantemente. Me educaron para ser religiosa, por eso antes de ver ese espectáculo dije «que Dios me perdone» *(se santigua. Suspira)* Es difícil entenderse una misma en esos momentos, las sensaciones que llegan hasta ti, todas a la vez, lo que me provocaron. *(Con ganas de llorar)* Puedo oír los machetazos, el eco en su cuerpo debajo de la sábana. Todavía mis ojos se ponen vidriosos; mis pupilas dilatadas al recordarlo.

Nunca veo películas de terror, sale demasiada sangre y me dan escalofríos. Es más, me da asco, lo paso realmente mal. *(Se acerca a un espejo)* Pero más asco me das tú ahora, me avergüenzas y me da igual si tienes ojeras porque no consigues dormir; me da igual si ahora vives en un lugar frío y durante el día te abuchean. Tú te lo has buscado, la curiosidad mata al gato y ahora estás tú, aquí, muerta. ¿Cómo es posible que no te pudieras controlar? *(Al público)* Me paso cada segundo de mi vida reflexionando sobre lo que sucedió. Seguramente un psiquiatra dirá que en ese momento sufría un trauma psicosexual. Sin embargo, un filósofo pensaría si durante esos minutos se reveló mi mitad oscura y que cómo habría vencido. *(Al público)* ¿Qué pasa? ¿Por qué me miráis con esa cara?

Todos tenemos nuestra parte oscura. *(A sí misma)* Cálmate, por Dios, Emma, no va a pasar nada, nadie sabe nada. Solo tengo que olvidarme de ese viaje, como si nunca hubiese estado allí.

3. Familia

Hermano, Emma, Natalia, Niño

Casa del HERMANO *de Emma. En el centro del escenario hay una mesa blanca con mantel, copas y platos con comida. Alrededor de ella hay cuatro sillas blancas, solo una es de color rojo. Sonido puerta.*

Hermano: ¡Hola, Emma! *(La abraza)* ¡Qué ganas de verte! Vamos, entra.

Emma: ¡Hola! Yo también estaba deseando verte.

Hermano: Natalia ha ido a por el niño, hoy tenía entrenamiento de fútbol.

Emma: ¡Vaya! ¿Al final lo habéis apuntado?

Hermano: Sí, es recomendable, tiene que descargar energía; si no, ya sabes, es un torbellino. Bueno ¿y tú qué tal el viaje?

Emma: El viaje… Bien…

Hermano: No te veo muy convencida, aunque no me extraña, siempre eres tan quisquillosa y perfeccionista.

Emma: Por supuesto, cómo me conoces, hay que hacer las cosas bien.

Hermano: ¡Ah, mira, ya están aquí!

Natalia: Hola, Emma, cuánto tiempo *(le da dos besos).*

Niño: ¡Tita, estás aquí! *(la abraza y la besa).*

La escena se queda congelada. EMMA *se dirige frente al público.*

Emma: *(Al público)* De nuevo, me siento… Extraña… Ese hormigueo en el estómago, ese sudor frío, ese impulso de querer ir más allá. ¡Maldito viaje! *(Así misma)* No, Emma, es tu familia, la única que tienes.

Hermano: *(Al público)* Mi querida Emma, desde niños hemos sido inseparables, la he ayudado tanto y ella a mí también.

Siempre hemos pensado que la universidad nos iba a separar, cada uno en busca de su camino para construir su futuro y eso es exactamente lo que hicimos. No es que mi hermana sea la mujer más familiar, pero no voy a negar que siempre está cuando la necesito, y yo la correspondo de la misma manera. Aun así es reservada, me cuenta todo, pero se deja cabos sueltos, tiene ese espíritu libre que la hace esconderse de vez en cuando, como un ratoncillo. Nunca se lo digo, pero quiero ayudarla. Estoy seguro de que su divorcio la ha trastocado un poco, es normal. Un día estás en casa con tu familia, con tu marido que te adora y con tu hijo recién nacido y, al día siguiente, todo se esfuma. Ella se casó justo un año antes de que me casara, sabía que tenía algún rollete, pero de ahí a casarse directamente… ¡Qué locura! En fin, mi hermana siempre ha sido así. Si me caso, ella también. Si mi mujer está embarazada, Emma también quiere estar embarazada. Un día le pregunté por qué hacía eso y me contestó:

Emma: *(Mirando a su hermano, recreando el pasado)* Es una forma de estar unidos…

Hermano: Sí, de alguna forma tiene razón. Emma consigue todo lo que se propone, es toda una luchadora, deseaba con fuerza tener una familia y, sobre todo, hijos. Recuerdo cuando fui al hospital. La subieron a planta muy pronto y cuando vi al bebé… ¡Qué preciosidad! Desde ese día apenas veía a Emma, se fue del pueblo ·y, bueno, me gustaba visitarla de vez en cuando, pero ya nada era como antes. Se fue distanciando. Un día me llamó:

Emma: *(Está al teléfono, llorando)* Por favor, necesito quedarme unos días en tu casa. ¿Puedo?

Hermano: *(A EMMA)* Claro que puedes, Emma, aquí siempre serás… *(Pausa)* Colgó sin más. Nunca me dijo qué pasó exactamente, pero seguro que fue culpa de ese imbécil, nunca me ha caído bien. Dejó a mi hermana en la calle y completamente sola, y consiguió la custodia del bebé, a quien Emma adoraba.

EMMA, HERMANO, NATALIA *y* NIÑO *están sentados en la mesa.*

Niño: Mamá, tengo que ir al lavabo.
Natalia: Siempre en el momento más oportuno. Anda, vamos.
Niño: No, quiero que me lleve la tita Emma.
Emma: *(A sí misma)* Ni se te ocurra ir, contente, no lo acompañes, es tu sobrino, por lo que más quieras. Exacto, mi sobrino, no va a pasar nada, los ojos están para mirar. ¡No! Emma, no seas pervertida, no la cagues más. *(Pausa)* De acuerdo, vamos, pequeñín. *(*EMMA y NIÑO salen de escena, *mientras* HERMANO y NATALIA *recogen mesa).*
Niño: *(En off)* ¿Por qué me miras tanto, tita Emma?
Emma: *(En off)* Por nada, pensaba en el trabajo.
Niño: ¡Ya estoy! ¿Me limpias? *(Silencio).*
Niño: *(Aparecen por el lateral)* Tita, ¿he hecho mucha caca?
Emma: No, poca, ¿por qué lo dices?
Niño: ¡Porque has tardado mucho en limpiarme! *(se ríe).*

EMMA *y* NIÑO *entran en escena.*

Emma: *(Se seca el sudor con un papel, está temblando y su voz es diferente)* Gracias por todo, tengo que irme.
Hermano: Pero ¿ya? ¿No te quedas al postre?

Emma: Lo siento, de verdad, tengo que preparar un artículo para mañana. *(Sale de escena).*

Natalia: ¿Te has fijado?

Hermano: ¿En qué?

Natalia: Cuando el niño ha pedido que le acompañe al baño. Sé que es tu hermana, pero no me gusta su forma de mirar.

Hermano: ¿A qué te refieres?

Natalia: Ha bajado la vista, eso significa que sientes vergüenza y estás incómoda.

Hermano: Vergüenza e incomodidad ¿de qué? Te recuerdo que mi hermana está pasando por un momento complicado, se ha quedado completamente sola. ¿No puedes traducir la mirada baja como nostalgia y tristeza porque básicamente le han quitado a su hijo?

Natalia: Puede ser, pero mi experiencia me dice…

Hermano: ¡No empecemos otra vez! Cada vez que mi hermana viene estás igual. Deja de analizar a las personas y de crear perfiles.

Natalia: Cariño, sabes que trato con muchas personas con problemas sexuales.

Hermano: Espera, ¿me estás diciendo que mi hermana es una pervertida de esas que tocan a los niños?

Natalia: Nunca se sabe, a las mujeres también se les pasa eso por la cabeza.

Hermano: Ves demasiadas películas, ¿cómo puedes pensar una cosa así? Sé que no te cae bien mi hermana, pero de ahí a acusarla de… ¡Joder! Ni siquiera soy capaz de pronunciar esa palabra.

Natalia: Solo digo que ocurre donde menos te lo esperas. Y hay algo que me da mala espina.

HERMANO *sale enfadado de escena.* NATALIA, *pensativa, sale tras* HERMANO.

4. Reflexiones

Emma, Policía

Emma: Tengo que centrarme, distraerme con mis entrevistas, mis artículos y eso. *(Coge un papel de uno de los archivadores que hay en escena)* Cogeré la del primer ministro holandés. Sí, esa estará bien para despejarme. Tengo que revisarla, el tiempo se me echa encima y el director del periódico no espera. Odio este ritmo de trabajo, esta presión, a mí lo que me gusta es darle vueltas a las cosas; reflexiono mucho. Este artículo en concreto es muy bueno, lo he diseñado especialmente para el gusto de mis lectores. Sabía que cuando lo leyera, el director no lo iba a admitir, pero sé que es uno de sus preferidos de esta semana. Me esperaba su reacción de bajo interés y mirada inquisitiva. Fue un día de trabajo largo. Todos preguntándome qué tal me ha ido el viaje y yo queriendo irme a casa a descansar. Con el maldito artículo apenas he dormido y los tres cafés de la mañana no me han hecho efecto alguno. No es que me lleve mal con mis compañeros de trabajo, de vez en cuando hasta me voy con ellos a tomar algo. Saben de sobra que gracias a mis artículos este periódico es uno de los más famosos y de los primeros que tienen información jugosa y de calidad sobre los sucesos de actualidad. Me gusta mucho el ambiente de compañerismo que hay en la redacción, pero creo que va siendo hora de cambiar.

Tengo miedo. Un día tenía mi vida construida y, de pronto, todo se derrumbó. Además, tampoco puedo dejar mi trabajo así como así. He estado dejándome la piel por esta redacción desde que terminé el máster. No quiero perderlo todo por imaginar hechos ficticios que podrían ocurrir en mi vida a raíz de ver un espectáculo que… Es difícil hacer como que no pasó nada. Lo que vi… Últimamente no me reconozco. ¿En qué me he convertido? Cada vez me aparto más de los hombres. Salgo con un chico desde hace casi un año. Él solo quería comenzar una nueva vida conmigo. Es un buen hombre, sin maldad ninguna, me sentía feliz con él, de verdad, pero de nuevo todo se fue al garete. Mi mente me traslada rápidamente a aquel lugar oscuro, veo la mesa, el machete; lo veo a él sonriéndome, dándome todo el amor del mundo y yo…

Mis gemidos se convirtieron en palabras *(estirando las manos como ahogando a alguien)*: "Gott mit uns, ¡stirb!". Mis manos se ahondan en su cuello, no puedo parar. No he vuelto a saber de él. Debe pensar que estoy loca. Me ha bloqueado de todas las redes sociales. No quiero contarle a nadie sobre mi nuevo «yo». *(Habla para sí misma, imaginando)* Salir del trabajo minutos antes de las dos de la tarde, solo para ver a los niños salir del colegio; frecuentar por las tardes los jardines de infancia, solo para verlos columpiarse; corretear y con suerte devolverle algún que otro balón de fútbol, aprovechando el momento para rozar las suaves y delicadas manos del pequeño. Son mis nuevas rutinas para despejarme del trabajo, que cada día se me hace más cuesta arriba. En esos pequeños momentos, nunca mejor dicho *(sonríe)*, dejo volar mi imaginación con cada uno, es lo que me hace feliz. Todo lo encierro en mi cabeza. Los niños siempre han sido mi perdición, y ahora más que nunca vivo completamente perdida.

De alguna forma tengo que adaptarme; de todos modos, esto es algo que ya estaba dentro de mí. En la vida, casi siempre, hay varias opciones para elegir; en este caso, solo veo dos: vivir disociada, negando mis instintos, replegada en el sufrimiento; la segunda opción, reconciliarme conmigo y convencerme de que lo mejor es convivir con este problema lo más dignamente que pueda. No me decido, *(al público)* ni quiero decidirme. El olor a sangre, carne fresca, el color rojo, debía haber elegido un trabajo más acorde conmigo: una carnicería o tal vez un hospital, estar en la planta infantil… *(A sí misma)* Podría darme mucho juego.

(Al público) Lo único que necesito es entender y, como buena investigadora, mis ratos de descanso entre artículo y artículo los aprovecho para entrar en internet. Un trabajo de introspección es lo que debo hacer, quizás eso me responda a en qué tipo de monstruo me estoy convirtiendo, o era y no lo sabía. *(A sí misma)* No tienes la culpa, Emma, eres una mujer inteligente, no eres capaz de hacer daño a una mosca, no te preocupes. *(Al público)* Internet me describe como una parafílica crónica, es decir, tengo fantasías recurrentes e intensas de excitación con niños. O ¿comportamientos? ¡No, eso es demasiado! Mejor empezaré a investigar por otro lado. Recuerdo una serie de símbolos en el gran espectáculo, he decidido buscar su significado: «símbolo triángulo», letra Delta, nada que ver con una parafilia. «Símbolo triángulo dentro de un triángulo», símbolo de la Santísima Trinidad. Tampoco.

Es difícil informarse bien de un tema tabú, ¿verdad? Curiosamente, la respuesta estaba en la web del periódico *La Vanguardia*: este símbolo hace saber cuáles son las preferencias sexuales o si el niño está libre o no. Con esta información ya me cuadra todo mucho más. *(Para sí misma)* ¿Habrá también espectáculos de niñas? Es probable, ya nada me resulta raro. *(Al público)* Ahí no queda todo, poco a poco me he ido adentrando en un mundo donde unos tal *boylovers* expresan también sus preferencias a través del arte; dedican a «sus amiguitos especiales» todo tipo de poesías, relatos, dibujos animados, cine, etc. Muy curioso cómo puede circular en la sombra todo ese tipo de material. *(A sí misma)* Ay, Emma, o… ¿cómo puedo llamarte? ¿Quién eres? ¿Para qué estás aquí y adónde me quieres llevar? Estoy aterrada, todo por tu culpa, soy como una máquina rota a la que no consigo encontrar la avería y tampoco puedo ir a un experto; siento que esto tengo que hacerlo sola. A ver, te conozco bien y siempre has sido un poquito pícara en lo referente a la sexualidad. Te ha gustado siempre probar cosas nuevas, tienes tus preferencias personales, tus perversiones, nada fuera de lo normal, porque excitarse cada vez que ves a un hombre bajito… Puf, no creo que eso sea para montar un escándalo.

Espera, ya sé, quizás la noche del espectáculo la excitación al ver a ese enano pudo conmigo y, de alguna forma, debo admitir que a veces soy incontrolable. Eso se puede dejar pasar, ¿no? Pero mirar a un crío de forma lasciva, eso no… Eso no puede ser pasable, Emma. *(Al público)* Sí, ya he indagado, no necesito pagarle a un psiquiatra ni psicoanalista, ellos solo deshumanizan a personas como yo, para ellos sería un simple número. Tal vez un número especial por el hecho de ser mujer, pero nada más.

He llegado a la conclusión de que una fantasía es solo una fantasía, no tiene que llegar a la realidad. Además, esto no surge de mí, estoy cien por cien segura, una mujer de mi talante… Pero no recuerdo ningún trauma ni nada parecido, a no ser que esta nueva experiencia vivida me lo haya creado. Es una opción que hay que barajar, claro. *(A sí misma)* Tiene que ser eso. Una vez lo olvide todo, formará ya parte del pasado. Aparte de eso, debo grabar en mi mente que *(gritando)* solo tengo fantasías. Emma, prométeme que será un secreto. Ya sé, dicen que es algo muy terapéutico escribir, así que:

Emma: *(Al policía)* ¡Perdone! Necesito un papel y un bolígrafo o lápiz, por favor.

Policía: ¿Para qué?

Emma: Para escribir reflexiones. Se lo devolveré en cuanto acabe.

Policía: *(Le da el papel y el boli de forma despectiva)* Mujeres… *(Se ríe).*

Emma: Muchas gracias. *(Para sí misma)* Imbécil. Puede que esté loca. Puede que sea una especie de psicópata peligrosa. No puedo salir a la calle, puedo convertirme en cualquier momento en un ser al que todos odien, es imposible describirme como persona… ¡Vete, Emma, vete! El mundo está mucho más seguro sin ti, nadie se va a parar a entender tus paranoias. ¿Hay algo más perverso que la sociedad? Tengo que pensar fríamente, creo que el mundo para mí ha dejado de existir, nada tiene sentido si vivo con un volcán dentro que en cualquier momento puede erupcionar y calcinar a familias enteras. No puedo permitir que hagas eso, Emma, lo siento…

(EMMA hablando en alto mientras escribe) «Esa luz que me ciega me está diciendo que actúe. Hay un precipicio al final y miedo en mí de caer, pero mayor es el miedo a estar muerta y obligada a desaparecer estando viva. El vértigo recorre mi cuerpo, a su paso siento esa desolación de la que huyo, si me quedo en esta situación que se tambalea con cada paso que dé. Estoy protegida, pero por un escudo que lleva consigo la desgracia más grande que puede tener alguien, la piel de un horrendo monstruo. Soy valiente y tengo que enfrentarme. *(Comienza a llorar)* Si ven esto, solo quiero decir que siento no haber podido ser fuerte. Estoy atrapada en esta cárcel y no puedo salir, no sé salir. Siento si algo

he hecho mal y siento también todo lo malo que causaría si me quedara».

POLICÍA *llama a* EMMA.

Policía: Te ofrecen media hora libre, ¿quieres salir?

Emma: ¿Cómo? ¿Salir?

Policía: Sí, a tomar el aire, ¿quieres o no? No tengo todo el día, decídete de una vez.

Emma: Voy. *(Pausa)* Que me dé el sol en la cara siempre me ayuda a aclarar las ideas. Estoy en un punto de mi vida en el que puedo perder mucho. No hace falta que nadie lo diga por mí, pero ¿sabéis qué? En el fondo estoy tranquila. Intento reencontrar a mi antiguo yo. He seleccionado en la web varios números de teléfono, quiero emociones fuertes, de esas que me hagan olvidar.

(Habla por teléfono) Hola, llamaba para un servicio. Sí… Sí… ¿Cuánto cuesta? Ajá… En casa, sí… De acuerdo. Sí, claro, estaré aquí. Adiós, gracias. *(Al público)* Como pedir un kebab, calentito en la puerta. Han sido muchas noches de pasión de ese tipo, pero… Nada… Mi cuerpo pide algo más, eso no es suficiente. Así que un viaje me curará, y lo hice. Perfectamente puedo pedirme unos días de asuntos propios, es lo que tiene ser el ojito derecho del director de redacción. He comprado el billete casi sin mirar, dejando total libertad a mis impulsos. Me llevaron de nuevo a los Países Bajos, al barrio donde ahora no había rastro alguno del enano. Me acordé del verdugo, el machete, la sangre…

No he llegado aquí para nada, así que las manos me las llevo llenas. Entro en un *sex shop* y, discretamente pregunto si tienen *(susurrando) snuff movies,* cuyos protagonistas sean preferiblemente niños, quiero… *(Susurrando)* Wabre Folter. Dudaba mucho de si el dineral que me estaba gastando merecería la pena, pero al volver al hotel y después de ver en el ordenador semejante joya lo descubrí. Torturas reales, y tanto. *(A sí misma)* Nunca pude imaginarme que la pulsión sexual llegara a ser tan fuerte. Siento asco y no tengo la culpa. Mamá me trajo al mundo, es algo que no se elige. La sociedad canalla me ha educado así, no tengo la culpa. Al fin y al cabo, solo somos pequeños títeres tratando de encontrar nuestra identidad *(Se tapa la cabeza y oídos con las manos)* Verdugo… Machete… Sangre… Gott mit uns… Niños… *(Grita a la vez que jadea)* ¡Basta, ya basta, no puedo seguir así. Esto no es vida, joder. Se acabó, maldita sea! ¡Esto tiene que acabar ya!

5. Uriel

Uriel, Emma, Policía, Jefe de policía

Aparece URIEL *desde el patio de butacas, se queda mirando atentamente al escenario,* EMMA *lo observa.*

Uriel: ¡Mira, ha tenido una cría, el canguro ha tenido una cría! Qué bonita es, tan pequeñita. *(Riéndose)* ¡Qué graciosa! Mira cómo salta; salta muy alto y es muy pequeñita, pero inalcanzable.

URIEL *sube a escena.* EMMA *se echa un chicle a la boca y comienza a masticarlo.* EMMA *se arrodilla y lo abraza por la cintura, señalando al lugar donde supuestamente está el canguro.* EMMA *le sonríe cándidamente, saca un pañuelo del bolsillo y se lo pone en la cara.* URIEL *queda inconsciente.*

Emma: *(Al público. Con el niño en brazos)* ¿Sabéis qué es lo mejor de hacerse adulta? Que una se olvida con el tiempo de que ha sido una niña. *(Sonríe).*

EMMA *sale de escena con* URIEL *en brazos. El escenario está iluminado de color rojo.* EMMA *vuelve sin* Uriel.

Emma: *(A sí misma)* Fíjate, el ambiente ha cambiado de golpe, todo está como apagado y frío. *(Mira hacia arriba)* Es difícil respirar tan abajo, me va a costar mucho salir de este abismo. Apenas hay luz aquí. *(Mirándose al espejo)* Mírate, Emma, te ves horriblemente desgastada. Ha anochecido, el sol no existe y tú eres una flor marchita. Te guste o no, eres así, Emma. Y estás sumida y sola en una atormentada oscuridad, así que es una estupidez seguir fingiendo, ya estoy harta. Además, en el amor no hay que fingir nada, joder, es algo que no se puede esconder. No es justo para ti misma vivir con esa ansiedad de saber que la persona que muestras tan solo es un personaje ficticio. No eres tú, Emma, admítelo de una vez por todas. Hay que liberar al amor, expresarlo y no detenerlo. *(Al público)* ¿Por qué tenemos tanto miedo a amar? Un niño es una verdadera obra de arte, frágil y, a la vez, lleno de energía. Yo siempre supe captar esa esencia, por eso lo digo abiertamente: ¡Los amo! ¡Amo a los niños!

(A sí misma) Y a la vez los odio, porque cuando fui como ellos me traicionaron y yo jamás haría algo así. Todo este tiempo he sido sincera con ellos, me he mostrado indefensa, como ellos, y no supieron valorarme cuando fuimos adultos, así que, *(al público)* ¿deben seguir creciendo? ¿Eh? ¿Para qué necesita el mundo personas que no saben valorar nada? Ni a los demás ni a sí mismos. Yo solo quiero ayudar, dejarlos como esas bellas obras de arte congeladas en el tiempo, porque los amo, sin temor. Pequeños tesoros sumidos en un profundo y eterno sueño. Así los quiero, frágiles, inocentes, envueltos en esa sedosa, excitante y sangrienta piel. *(A sí misma)* Al menos, lo pensaste, Emma, intentaste dejarlo, pero…, bueno, digamos que finalmente tu mitad oscura ha ganado la batalla.

JEFE DE POLICÍA *está en su despacho.* POLICÍA *entra.*

Policía: Señor, tenemos novedades en el caso del zoo. Un mendigo ha encontrado un cuerpo debajo de un paso elevado de la autopista. Es un niño.

Jefe de policía: ¿Es Uriel?

Policía: Puede ser. Fue raptado el 14 de febrero y hasta ahora no tenemos constancia de más niños desaparecidos.

Jefe de policía: Dios mío, voy ahora mismo, que nadie toque nada hasta que yo llegue, ¿entendido?

Emma: Todo está lleno de barro por la lluvia, todo está completamente sucio… Menos esa primera obra de arte que yace rígida y resplandeciente sobre el suelo de la ciudad. Es un ángel, porque su piel blanca e inmaculada salta a la vista al pasar por allí. Seis años estuvo su pequeño corazón latiendo, maldita sea, solo seis, cuando todos esperaban noventa. ¿Por qué? El primero en ver el espectáculo fue el padre. Después la madre. Y, por último, un silencio entre ellos. El jefe de policía les ha jurado dar con el asesino, cueste lo que cueste. Bueno, son cosas que se dicen para tranquilizar, pero luego faltan miles de respuestas.

Por ahora las preguntas las debo formular yo, es mi trabajo. Se trata de una noticia que marcará a toda una sociedad y ante estos casos lo mejor es elegir Dior, mi aspecto debe verse rejuvenecido, hay mucho estrés acumulado. «¿Señor, se ha confirmado la identidad? ¿Qué ha dicho la madre cuando ha sabido que su hijo había muerto? ¿Hay alguna pista? ¿Podría concederme una entrevista, por favor?». Cuando empecé a formar parte de esa maldita raza de canallas capaces de poner en primera plana las fotografías del cadáver de un niño, si con ello logran vender ejemplares de sus repugnantes publicaciones, me resultaba despreciable. Pero, en el fondo, tengo vocación de actriz, por eso he ido amoldando y desarrollando habilidades con el tiempo. Aquella fue una semana crucial, debíamos correr para alcanzar la meta los primeros, informar a nuestros fieles lectores y atraer a más, obviamente. *(Al público)* ¡Nadie puede pisarnos los talones, hay que publicar algo ya, lo que sea! Cogí mi ordenador y empecé a redactar:

«Uriel Lopezosa, de tan solo 6 años, ha sido secuestrado en el zoo de la ciudad y posteriormente asesinado de una manera atroz e inhumana. Las autoridades prometen que pronto darán con el asesino. Mientras tanto, la investigación está abierta, así como la pregunta: ¿podemos pasear seguros con nuestros hijos por las calles y lugares de ocio de la ciudad? Les mantendremos informados». Emma Orth.

Las autoridades del Estado han criticado duramente mi artículo; por eso mismo, ha sido el más leído del país. Me alegra, hemos conseguido ser los primeros de nuevo. Pero lo que más me alegró son todas las felicitaciones que han llegado durante esta semana. Es algo que motiva a seguir desde primera línea la investigación policial; por eso, a partir de ahora tengo que estar totalmente despierta. Sería buena idea inscribirse en diferentes fuentes de información. Mientras más notificaciones me lleguen sobre el caso del zoo, más estaré al tanto de todo lo que cuenta la competencia. Me pregunto si sabrán ya algo sobre el arma… *(A sí misma)* A lo mejor es buena idea comenzar a plantear hipótesis sobre el arma.

(Al público) Me esperan días intensos, pero estoy inspirada. Además, la perseverancia siempre ha ido de mi mano y eso lo nota todo el mundo. Notan que soy una mujer capaz de saltar los obstáculos, lo que haga falta para llegar a la meta. Me gustan los retos y uno que tengo presente es impresionar a los lectores. Claro, de lo contrario no hubiese llegado hasta donde estoy. Sé de sobra que a partir de ese momento las miradas por parte del director, compañeros y ciudadanos van a estar clavadas en mis artículos. Para alejarme de la presión y tanto estrés suelo ir a pasear. *(Divaga)* En esta ciudad no hay muchos espacios verdes,

pero sí piscinas cubiertas… Me gusta sumergirme y olvidarme del mundo mientras me dejo llevar por el agua… *(Se queda pensativa)* y también por mi malditos instintos. *(A sí misma)* Es insoportable.

6. Deniz

Emma, Deniz, Jefe de policía

DENIZ *entra haciendo un juego corporal como si estuviera nadando.*

Emma: *(A sí misma)* Aun estando en el agua, el hormigueo aparece, no puedo moverme, no puedo pensar, no puedo dejar de observar, ¡no puedo evitarlo!

EMMA *observa a* DENIZ.

Deniz: ¡Hola, me llamo Deniz! ¿Y tú?

Emma: Emma, ese es mi nombre, pequeño. *(Al público)* ¿Lo veis? Es como un pececillo. A lo mejor se piensa que yo soy otro pez, por eso sigue nadando… *(A* DENIZ*)* Vete, vete, por favor. *(A sí misma)* El agua me lleva. El pececillo se acerca. Todo es más fácil cuando se acercan.

EMMA *se acerca a* DENIZ *y lo ahoga. Este se desmaya.* EMMA *simula que nada hasta el bordillo y lo recuesta en el suelo.* EMMA *acerca su oído al corazón.*

Emma: Sigue con vida, gracias a Dios. *(Lo coge en brazos y salen de escena).*

El escenario está iluminado de color rojo. EMMA *aparece sin* DENIZ *masticando ostentosamente un chicle.*

Emma: *(Al público)* Como si fuera una vela, en cuestión de dos meses el caso Zoo se ha consumido. *(Suspira)* Seguramente, la policía siga investigando y mantenga todo en secreto, es algo que me preocupa un poco. Es una auténtica necedad por mi parte negarme a decir que estoy asustada. El país tal vez siga con sus quehaceres, pero yo necesito saberlo todo sobre la investigación. Cada día me quedo por los suelos como periodista. *(Subiendo la intensidad)* Al poner la televisión con esperanza de que otros me den la información que yo, ¡Emma Orth, no soy capaz de sacar! *(A sí misma)* Joder… Suena irónico… Ser la propia directora y actriz protagonista del espectáculo que tuvo lugar en el zoo y, a la vez, tener que fingir no saberlo todo sobre él. Me siento algo… Impotente. A lo mejor te has quedado sin ideas brillantes con las que sorprender. *(Se mira al espejo)* Los años pasan demasiado rápido, Emma, ¿no lo ves? *(Al público)* Pero soy muy joven todavía para rendirme, me quedan muchos objetivos que cumplir y estoy totalmente dispuesta a conseguirlos. Solo tengo que indagar aún más en lo que otros no pueden… O no quieren.

Por aquí tengo un libro muy interesante. He de decir que mi carrera universitaria y profesional no me ha dado toda la cultura que tengo. Me encanta leer y es algo estrictamente necesario. Miren, *Sexo y enfermedad*, de un reconocido sexólogo y psiquiatra, Enzo Lombardi. Hace años que lo leí y, la verdad, me impresionó que llamara «necrómanos» a los asesinos en serie. *(Se queda mirando atentamente al público. EMMA se sienta en las escaleras situadas en el centro del escenario para estar frente a frente con el público)* No os confundáis con los necrófilos, no es lo mismo. *(Lee libro)* «Los necrófilos tan solo tienen una distorsión del deseo sexual». Una parafilia banal e inofensiva, nada que ver con la violencia, claro. Son conscientes de sus actos, no son enfermos mentales. Los necrómanos, en cambio, sí que disfrutan de lo que hacen. Una moral que se distancia un poco de la que consideramos normal.

Al fin y al cabo, ¿qué es realmente la moral? Algo inventado por nosotros, como casi todo en esta vida *(suspira)*.

(A sí misma. Sube de nuevo al escenario) Me satisface leer esto, no me tengo que preocupar tanto por todo lo que me está sucediendo. *(Al público)* Está claro que no soy una loca. Tal vez algo viciosa, pero ¿psicótica, yo? Soy perfectamente consciente de lo que hago, soy la creadora, conozco a la perfección qué imagino y qué resultado expongo al espectador. Todo esto ya lo sabía desde el principio, sí *(alzando libro)* y este libro científico me lo confirma. *(Bailando sensualmente)* ¿Quién no ha deseado hacerle un *striptease* en el ascensor a ese vecino casado que ¡uf!… *(Se pinta los labios de rojo y se recoge el pelo en un moño)*. Invitarlo a casa, tomar una copa, luego otra… Y así hasta pasar una noche ardiente con él o con otras personas más a la vez. ¿Quién no ha imaginado alguna vez estar perdida en mitad de la selva y que llegue alguien como Tarzán a rescatarte y a decirte lo mucho que te desea? *(Se suelta el pelo de golpe. Pausa. Se enrosca su pelo en el cuello)* Enroscarte la liana en el cuello hasta perder el conocimiento y… Sonreírle con la esperanza de volver a repetir esa misma sensación. ¿Quién no le ha dicho a su pareja: «Hoy me he portado muy mal», y te ha respondido con palabras y acciones sucias que te han hecho viajar muy lejos? *(Se queda pensativa)* Vamos, son cosas que se pueden leer en los libros, ver en películas y experimentar en casa por la simple curiosidad de saber cómo es.

Vivimos en una morbosidad constante, nos gustan los riesgos y el peligro, jugar al típico juego de: «¿a que no te atreves a…?». Y si vamos por la calle y vemos un corro de gente, enseguida intentamos descubrir qué ocurre tras él, como auténticos perros. No es que tengamos la necesidad de ayudar, tan solo puro morbo. No os escondáis. Después, si alguien se entera al fin de lo que ocurre, se produce un eco, todo el mundo llega a saber una versión distorsionada de la realidad, casi todos la creen.

En el amor también existe el riesgo, se sufre muchas veces porque amamos a quien no debemos. Existe ese eco porque los demás se quedan mirando y juzgando. Solo se necesita una opinión para que el mundo entero se adueñe de nosotros y nos guíe hacia lo que cree correcto. Decidme, ¿quién no ha tenido un amor con el que nadie está de acuerdo? Uno de esos que llegan a causar malestar porque solo puedes conformarte con verlo mientras *(se muerde con placer el labio)* nada dulcemente en una piscina *(respira hondo)*. Es injusto. *(Enciende la televisión)*.

En una pantalla aparece JEFE DE POLICÍA *dando un discurso.*

Jefe de policía: Esta noche quiero dirigirme públicamente a todos los ciudadanos y ciudadanas para mostrar mi afecto y respaldo en estos momentos tan difíciles y llenos de incertidumbre. Como sabéis, hace apenas tres días fue hallado el cuerpo del pequeño Deniz Gallardo, de tan solo siete años de edad, en el complejo deportivo «Carrera». Gracias a los medios de comunicación esta noticia se ha expandido, facilitando así que la sociedad esté en alerta mientras logran capturar al culpable. Todo esto ha sido un jarro de agua fría, pero las autoridades no vamos a descansar hasta que el asesino tenga nombre y apellido. Os puedo prometer que acabará sentado ante los jueces para que dicten sentencia. ¡Todos lo veremos entre rejas! Lo conseguiremos, estoy seguro, y en breve los padres y madres podrán volver a los parques, pasear tranquilamente con sus hijos, dejarlos que jueguen sin desconfiar de nadie. Desgraciadamente, las primeras investigaciones no han dado los resultados esperados, ya que aún no disponemos de pruebas verídicas. Por ahora, la información que tengo en mis manos y que por motivos de seguridad no puedo revelar arroja un rayo de esperanza. Os ruego que tengáis paciencia y os agradezco la atención que habéis dedicado a mis breves y sinceras palabras.

Emma: Nunca me ha transmitido confianza ese hombre. Su discurso no está nada mal, aunque no creo que tranquilice a los ciudadanos. El hecho de que un asesino en serie ande suelto por ahí es un problema bastante serio, normal que todos estén asustados. Entre esos policías, ciudadanos y políticos, hay padres, abuelos o tíos con niños pequeños. La preocupación se expande y llega a todos los rincones del país, el eco también está aquí. *(A sí misma)* La que has liado, monstruo. *(Hojea un periódico)* Hay que ver lo rápido que corre la información por muy escasa que sea. He estado indagando en diversos periódicos, ni siquiera tienen un sospechoso. Esto va para largo *(comienza a arrancar hojas del periódico y a tirarlas al suelo),* las únicas huellas que hay son las heridas que decoran cada cuerpo, heridas de arma blanca. *(Arruga todos los papeles del periódico)* He de decir que, al menos, se esmeran en intentar cazar al asesino… *(Tira a un cubo de basura la bola de papel de periódico. Hace una pequeña pausa. A sí misma)* «Asesino», esta palabra está ahora en boca de todos, lo único que quieren es poder marcar a alguien para poder juzgarlo. *(De forma despectiva)* Ignorantes…

(Al público) Admito que han sido listos diciendo lo del arma blanca, pero nada creativos utilizando una palabra tan quemada como «asesino». *(Se ríe)* Venga ya, *(con ironía)* ¿se puede utilizar

una palabra más general? Ya que nos gustan tanto las etiquetas hay que utilizarlas correctamente. Según la Real Academia Española, esta palabra es una calificación estereotipada y simplificadora. Hay demasiados asesinos, ¿no creen? Esta es una buena idea, para mi próximo artículo buscaré un nombre para el asesino.

Que yo sepa, hasta ahora no hay nada publicado; se limitan a informar sobre cómo va el caso, se camufla entre otras noticias y eso, por la parte que me toca, me beneficia. Pero no quiero estancar a mi periódico, se merece mucho más. Quiero dedicarle un tiempo especial, el arte es así. Recuerdo que de niña cada vez que tenía que escribir e incluso copiar los enunciados de los ejercicios, cuidaba hasta el mínimo detalle. Los compañeros deseaban ponerse conmigo para hacer los trabajos, porque solía conseguir informaciones que nadie podía; me metía por todos los rincones, como un ratoncito. Hacía todo lo posible para sacar la máxima nota. Aun así, me hacían *bullying*. Digamos que mi aspecto, entonces… Mi madre decidió cortarme el pelo, demasiado. Me miraba en el espejo del colegio. Tan pequeña, veía cómo mis ojos redondos resaltaban y las orejas tan grandes. Mis compañeros empezaron a burlarse de mí. La ratoncita me llamaban. He estado tantos años molesta con ese mote…

Ahora mi forma de pensar ha cambiado y mi imaginación es capaz de darle la vuelta a las cosas. Es difícil imaginar que una mujer pueda tener secretos tan oscuros. Puedo seguir siendo ese ratoncito que se cuela por todos los recovecos. La diferencia es que ahora me toca escapar del gato callejero, sí… Es el juego del gato y el ratón. Ahora soy yo la que se va a adelantar a las palabras ofensivas. En la portada de todos los periódicos acabarán cambiando esta ratoncita por una auténtica rata callejera. Todo encaja a la perfección. ¿Para qué darle más vueltas, no? Me llamaré «La Rata». Con esto ya puedo avanzar y comenzar a idear el próximo éxito de *Diario Voz*. Estoy segura de que se conmocionarán al leer las primeras líneas con una identidad mucho más exacta del famoso asesino de niños. Pero aún se alterarán más al leer sobre la inesperada novedad del tamaño y modelo de la supuesta arma blanca utilizada por La Rata. Efectivamente, el eco vuelve a activarse, cada vez hay más descontrol, se necesitan respuestas. *(POLICÍA le da a EMMA una carta. EMMA la abre y la lee)*. Y por alguna extraña razón quieren que yo las responda. *(A sí misma)* No sé hasta qué punto esto es positivo para mí. Saber más que la policía puede ser beneficioso o altamente peligroso para mi fama, pero algo me dice que debo aceptar esta tertulia televisiva.

7. Entrevista

Presentadora, Jefe de policía, Emma, Policía

En el centro del escenario hay tres sillas puestas en medio círculo, como si de un programa de televisión se tratara. Una silla es para JEFE DE POLICÍA *y otra para* EMMA.

Presentadora: Hola a todos, esta noche tenemos un programa especial sobre La Rata, un sádico que está atemorizando a todo un país con asesinatos de niños en distintos puntos de la península. Estamos aquí con Geraldo López, Jefe de policía encargado del caso La Rata, y la periodista Emma Orth, cuyos artículos recientes han dado mucho de qué hablar; de hecho, se han oído ya varias hipótesis acerca de la identidad de La Rata, ¿no es cierto?

Jefe de policía: En efecto, estamos llevando a cabo la investigación junto con varios psiquiatras, quienes ya han expuesto un perfil psicológico. En principio, podría tratarse de un médico que rondaría más o menos los cincuenta años y sufriría de paranoia homicida. Pero para serle franco, me parece que carece de toda clase de fundamento.

Presentadora: Entiendo, entonces parece una pista falsa.

Jefe de policía: Así es. Hay varias hipótesis que confirman que ambos asesinatos son obra de la misma mano, aunque por ahora eso es muy difícil de afirmar.

Presentadora: Pero varias fuentes ya han confirmado que las dos víctimas han sido asesinadas de la misma forma; de hecho, eso es exactamente lo que propone la señorita Orth en su último artículo.

Emma: Exacto. Como bien indiqué, nosotros tan solo nos ceñimos a la información que podemos obtener gracias a la participación de la Policía Nacional. A partir de ahí planteamos posibles respuestas, con el objetivo que todos tenemos en común: encontrar al culpable de estos crímenes y verlo al fin entre rejas.

Presentadora: Es una noticia que nos ha alterado de tal forma que incluso los padres tienen miedo de que sus hijos salgan a jugar, algo que, según los expertos, es primordial para el desarrollo de un niño y que ahora no pueden hacerlo por el simple hecho de que les pueda suceder algo.

Emma: Sí, por esa razón debemos estar todos muy atentos a las indicaciones de la Policía Nacional. Confiamos totalmente en su labor, y bueno, como periodista solo puedo decir que estoy intentando, por todos los medios, estar actualizada en la investigación para que se vuelva a instaurar un estado de seguridad entre la sociedad.

Presentadora: La verdad es que está en nuestras manos la vuelta a esa normalidad.

Jefe de policía: Sí, ahora mismo digamos que estamos con la búsqueda de pruebas para crear un perfil psicológico. Porque al igual que Emma Orth ha determinado un nombre para este asesino, labor que realmente admiro, ahora nuestra función sería crear un boceto, un rostro para que podamos identificarlo.

Presentadora: Exacto, un duro trabajo que, sin duda, se hace cuesta arriba cuando hay una presión social.

Jefe de policía: Por esa razón me gustaría decirle a los ciudadanos que estén tranquilos, que la investigación avanza poco a poco; de hecho, ayer mismo decidimos ir a los centros penitenciarios para interrogar a psicópatas acusados de crímenes similares para intentar comprender las motivaciones del homicida.

Presentadora: ¿Y no existe riesgo de que algún funcionario se adentre demasiado en el papel y acabe perdiendo los estribos?

Jefe de policía: Es un riesgo, pero tenemos la ayuda de psicólogos que se encargarán de asesorarlos como es debido. Por el momento confían plenamente en nosotros. Tarde o temprano atraparemos al autor de estos crímenes, no le quepa duda.

Presentadora: Muchísimas gracias, inspector López, por sus palabras. Esperemos que nos podamos despertar de esta pesadilla por la que está atravesando el país y que con la ayuda de todos, como bien dice en su artículo la señorita Emma Orth, podamos dar con esa Rata.

Emma: Ciertamente, considero que está en las manos de todos y cada uno de los ciudadanos. Si todos vamos de la mano con este caso, es casi seguro que conseguiremos frenarlo.

Presentadora: Por supuesto, esto debe tener un final y todo depende de nosotros. De nuevo os agradezco que hayáis compartido esta noche vuestras palabras. Inspector López, señorita Emma Orth, es un placer haberlos tenido aquí.

El escenario se queda a oscuras, INSPECTOR *y* PRESENTADORA *salen de escena.* EMMA *se encuentra sentada en la silla pensativa.*

Emma: *(A sí misma)* Un minuto más en esa tertulia repetitiva y me explota la cabeza. Es increíble. *(Al público)* Pensaba que me habían invitado por el revuelo que ha provocado mi último artículo, pero no. La presentadora se ha centrado única y exclusivamente en echarle flores al inspector y a la Policía Nacional. Parece ser que solo ellos nos pueden salvar de esta situación. *(Se señala)* Sin nosotros nadie se enteraría de nada. Ellos casi nunca están por la labor de ayudarnos, más bien somos nosotros los que tenemos que sacarles la información y encima nos llaman carroñeros. No digo que hagan mal labor; si no fuera por ellos, andarían muchas fieras sueltas por ahí y eso sí que sería una auténtica selva.

(Pausa) Me pregunto cómo estará mi hermano. Desde que vinimos de Düsseldorf, Alemania, vive en San Félix. No está nada mal, es un pueblo tranquilo, aunque yo no quería tanta serenidad, por eso me fui de allí. Mi hermano tiene una tarea tan importante como la mía, calmar a los ciudadanos. Es lo que deben hacer los políticos constantemente; es lo que los periodistas deben transmitir a través de las pantallas. Para eso nos pagan, ¿no? *(Pausa)* ¿Y entonces por qué en la entrevista me han tratado como un florero? *(Aumentando su ira)* Solo me han dado opción a afirmar lo que el inspector López decía, cuando la verdadera protagonista soy yo. *(Al público)* Pero es un secreto, ¿podéis guardarme el secreto?

(Pausa) Es una pregunta atrevida y complicada, tanto como mi vida. Hay miles de cosas que están en el aire y a las que no consigo encontrarle sentido. Siento inquietud porque no sé cuándo ni cómo acabará esta historia de terror que empezó con ese maldito viaje a Holanda. Si no hubiese ido, tal vez no hubiese llegado a tales extremos y este monstruo que tengo en mi interior no se hubiese hecho tan fuerte. Pero ahí está, empujándome para que caiga en el abismo; no le bastó con destruirme una vez empeñándose en que mi marido me pillara desnuda arropando a mi bebé entre caricias *(llora)*. Os juro que estaba complemente dormido, no se dio cuenta de nada, fue como un sueño para él. *(A sí misma)* Ojalá lo hubiese sido para mí también.

(Al público) Aquella noche mi marido se fue a dormir más temprano de lo normal, gracias a él mi hijo está hoy feliz. Supongo

que hizo lo correcto, alejarlo de mí, *(llora)* de su mamá. De vez en cuando me deja verlo, tiene buen corazón. Me creyó cuando le dije que solo fue un desliz y que no volvería a pasar. Por eso, no presentó ninguna denuncia. Al día siguiente me dio los papeles para el divorcio. Me largué ese mismo día a casa de mi hermano, que se montó sus películas e interpretó que me había dejado en la calle y que se había ido con otra. Lo sigue pensando y me da igual, no puedo contarle la verdad. Él me tiene mucho cariño y no quiero perderlo. Aunque parezca algo insospechado, he ido a la iglesia a confesarme y me he llegado a sentir perdonada. Es un momento que disfruto por la paz que me causa estar allí, y de alguna forma, soy comprendida. Puedo contarlo todo sin que nadie me juzgue. Cuando salgo de la iglesia, las cosas son muy diferentes, sobre todo porque yo misma soy la que me juzgo. Soy demasiado inflexible, tanto como débil, me temo, un círculo vicioso, pero no estoy sola, Got ist…

POLICÍA *se acerca a* EMMA.

Policía: ¡Eh, tú, tienes visita!

Emma: No soy un animal… *(A sí misma)* Bueno… a ojos de la sociedad, seguramente, sí. *(Al policía)* Pero eso no quita que me tenga un mínimo respeto. *(En voz baja)* Imbécil.

Policía: ¡Eh, tú! ¿Me estás oyendo?

Emma: ¡Sí! Por cierto, estoy al lado tuya, no hace falta que alces la voz, te oigo perfectamente.

Policía: Por si acaso.

Emma: ¿Quién ha venido? *(HERMANO no llega a entrar en escena)* ¡Mi hermano! *(Al público)* Para nada me lo esperaba, nunca me ha prometido que vaya a venir. *(Se despide de él y se dirige a proscenio. Al público)* La visita ha sido muy corta, solo ha venido para decirme que ha estado con mi marido, que ha visto a mi hijo muy mayor, y yo aquí, perdiéndomelo todo. Estoy segura de que va a traerme a mi niño, solo quiero darle un abrazo muy fuerte, decirle que lo amo, a pesar de todo, y que lo echo de menos cada segundo, que es el hombre de mi vida; el otro impresentable que se vaya al infierno. *(Pausa. A sí misma)* No, mejor al infierno no, Emma, es obvio que tú irás a ese mismo lugar, ¿seguro que quieres encontrártelo? *(Al público)* Soy una mamá que quiere lo mejor para su pequeño, me gustaría que estudiara medicina o algo relacionado con los ancianos, el día de mañana me vendría muy bien. Pero sobre todo quiero que sea un hombre fuerte y valiente, que se atreva a decir que no cuando lo desee, que no se deje influenciar por nadie, ni siquiera por él mismo. Que no sea tan estúpido como su madre. Quiero que sea feliz y que conforme vaya creciendo se quede con los momentos agradables de la vida. De lo contrario, me odiaría. No sé si me vio en aquella entrevista, ojalá, me hubiera gustado, pero ya no lo sabré. Intenté contactar con mi hijo por teléfono, pero su padre, como siempre, no lo cogía o colgaba o me hacía el dichoso teatrillo de: «¿Diga, quién es? No le oigo. Y bip, bip, bip». No soy estúpida, me doy cuenta de que no quiere saber nada de mí. Yo tampoco de él, pero mi pequeño sí me importa y eso no logra entenderlo. Así que de estar eufórica pasé rápidamente a sentirme completamente aislada y sola, *(a sí misma)* como me quieren ver todos. *(Al público)* Necesito olvidarme de todo. *(Mirando al infinito)* Eran las dos. Los niños salen del colegio a esa hora y, entre tanto alboroto, vi a un ángel tan solitario como yo.

8. Bruno

Emma, Bruno

BRUNO *aparece desde el patio de butacas con una mochila a su espalda. Sonido timbre de colegio. Se acerca a* EMMA.

Emma: No parece tener más de cinco años y esos ojos azules me atraen tan fuerte que no puedo dejar de mirarle. Hay muchas personas; sin embargo, fijaros, ¡me elige a mí!

Bruno: Hola, me llamo Bruno, ¿has visto a mi mamá?

Emma: *(Al público)* No conozco a su mamá y los maestros aún estarán en la escuela, por lo que perfectamente lo puedo acompañar hasta la sala de profesores para que la espere e irme tranquilamente a mi casa. *(A Bruno)* «Tranquilo, Bruno, yo te llevaré con tu mamá» *(lo coge de la mano)*.

EMMA *deja ver al público un pañuelo que cuelga de una mano. Mientras sale de escena cogiendo de la mano a* BRUNO. EMMA *sale a escena sin* BRUNO. *Coge un chicle y se lo mete en la boca.*

Emma: Lo siento. Una vez que los niños están con sus padres, la calle se queda vacía. Yo no dejaría a mi hijo de cinco años solo, ¿qué madre hace eso? Al menos avisaría a su maestro o a su maestra de que llegaré un poco más tarde. Le puede pasar cualquier cosa y más siendo un niño tan dulce y confiado. La confianza da asco. *(A sí misma)* Emma, nunca vas a escarmentar. Solo querías ayudarle y te equivocaste de camino. No es de extrañar, ni siquiera tú misma sabes cuál es el camino correcto. Siempre te confundes. *(Al público)* Pero parece que lo sé disimular muy bien. *(Se saca del bolsillo un papel. Envuelve el chicle y lo tira hacia una papelera).*

No sé exactamente si ha sido el programa de televisión o mis artículos sobre La Rata, pero menudo éxito. Ha debido ser cosa de mi hermano, quizá me vea un poco estancada. El caso es que me ha llamado el presidente de su partido político interesándose por mí. El líder pronto se jubila y están buscando a una persona joven con influencia social, mediática y política, que tenga las ideas claras y la cabeza bien amueblada. A su parecer, cada una de mis palabras y reflexiones proceden de una mente inteligente. Tengo un perfil idóneo para representar al partido. Por ello, le gustaría que asistiera a una reunión junto con el resto de miembros para valorar si mis ideas concuerdan con las del partido y, en caso afirmativo, si estaría interesada en dar el salto a la política. *(Pausa)* ¡Sí!, se me ha presentado una oportunidad de oro. ¿Emma política? Suena bien, raro pero bien. *(A sí misma)* Quizás sea una señal para comenzar ese cambio que tanto deseo: una persona completamente nueva. De esa forma, puede que hasta deje de dar miedo. ¿Quién sabe? Tal vez hasta encuentre a alguien especial y pueda enterrar por fin a mi monstruo. Es difícil, pero quiero intentarlo. *(Al público).* Así que he dicho que sí. Debo estar muy bien preparada para esa reunión, creo que apuntaré un pequeño discurso de presentación y un guion dispuesto a ser modificado en el transcurso de la entrevista. *(A sí misma)* Será como estar a punto de salir a escena en una obra de teatro. Al fin y al cabo, tengo que encarnar a un personaje similar a mí, que me conozcan pero con limitaciones. También debo cuidar mi imagen. Siempre lo hago, pero esta ocasión es demasiado especial como para no planificarla.

EMMA *arrastra un baúl hacia el centro del escenario. Saca diferentes conjuntos.*

Emma: Está claro que llevaré lo que utilizo siempre cuando trabajo, un traje de chaqueta. ¿Este blanco? Mi preferido, el color de la calma, pureza e inocencia.

(Pausa) No quiero parecer tan inocente. ¿Este otro? Sin duda simboliza la elegancia y la formalidad, pero el negro es demasiado serio y quiero presentarme como una persona alegre y extrovertida; es lo suyo cuando se habla de política. Por supuesto, el gris totalmente descartado; envejece y parezco demasiado fría. El rojo me gusta, pero es demasiado llamativo y, por ahora, mejor integrarme en el grupo y no destacar. Decidido, el azul es el más idóneo, representa inteligencia, sabiduría y así no destaco demasiado.

9. El plan

Hermano, Natalia, Emma

Oscuro. EMMA *deja el baúl donde estaba en un principio. Sale de escena con el traje azul en las manos. Entra* HERMANO.

Hermano: *(Al público)* Natalia me está volviendo loco, lleva días obsesionada con el tema de La Rata. Le pillé varios recortes de periódico, en concreto de *Diario Voz* y, curiosamente, todos son de Emma. ¿Qué esperará encontrar? Cuando entró Natalia y me pilló visualizando todo ese material tampoco se alteró demasiado. Le pregunté sobre él y me contestó enseguida, además con seguridad. Según Natalia, los artículos de Emma son extremadamente detallistas. Me enseñó también una libreta llena de recortes de otros periódicos relacionados con el caso para demostrarme que tiene más información de la que debe.

Natalia: *(Entra en proscenio)* No es nada raro, cariño, las mujeres también pueden ser crueles.

Hermano: No puedo explicarlo… O sí. Mi hermana ha conseguido influencia en el mundo del periodismo y tiene muchos conocidos. Ya sé que sería algo ilegal que un policía le estuviera dando información de forma clandestina, pero no hay otra opción.

Natalia: *(En proscenio)* Cariño, la otra opción es dolorosa, pero debemos hacer algo, por nuestro bien, por el bien de todos.

Hermano: ¡Joder, es mi hermana! *(Pausa)* Eras tan pequeña, Emma, cuando jugaba contigo al escondite. Te escondías muy bien, eras como un ratoncito, te metías por cualquier lado. Papá se enfadó porque entraste en la habitación de las armas, se enfadó tanto que te encerró. Entonces no te pude encontrar en toda la noche. A esas horas hace frío; sin embargo, aparecías cada mañana bien arropada, pero temblando, porque solo tenías unas braguitas. Entonces te ponía el pijama, te abrazaba muy fuerte y te decía: «tranquila, todo pasa». Una de esas mañanas me miraste con los ojos llorosos y con una sonrisa me cogiste de la mano. Hacía frío y no te importaba estar descalza. Era extraño, papá ni siquiera se percató cuando abrimos la puerta de su habitación, estaba profundamente dormido. Me llevaste hasta esa habitación prohibida. Tu rostro inocente se reflejaba en esos metales afilados; cogiste uno de ellos y me dijiste: «No volveré a esconderme por la noche, te lo prometo». Recuerdo el ruido apagado a través de la almohada; dijimos a todos que papá no volvió esa noche, pero crecimos unidos. Te quiero, Emma. Siempre iba a estar a tu lado, te lo prometí, ¡por qué me haces esto!

Natalia: *(Se acerca a HERMANO y lo abraza)* Tenemos que hacerlo, cielo. *(Sale de escena).*

Oscuro. HERMANO *sigue en escena. Entra* EMMA *con traje azul.*

Hermano: Enhorabuena, hermana, creo que has estado espectacular. Les has gustado.

Emma: Espero tener suerte. Creo que la mirada del jefe del partido le delata. ¿Cuándo lo decidiréis?

Hermano: Hay poco que decidir. Ya puse desde el principio el listón muy alto. Les hablé de ti y ahora han visto que no es mentira, eres la más acertada para representar al partido.

Emma: Gracias, hermano.

Hermano: No hace falta que las des. Te mereces un gran ascenso, salir de ese periódico y de la presión del jefe de redacción.

Emma: *(Se ríe)* No es tan malo, solo quiere hacer bien su trabajo.

Hermano: Por cierto, ¿vendrás a la fiesta de jubilación?

Emma: ¿Qué voy a hacer allí?

Hermano: Conocer a tus nuevos compañeros de trabajo.

Emma: *(Se ríe).*

Hermano: *(Le llega un mensaje al móvil)* Debo irme, tengo que ayudar con los preparativos. Te espero, Emma. *(Sale de escena).*

Emma: *(Al público)* Está claro que estoy triunfando. El destino me ha llamado, aunque tenga que volver al pueblo, pero, ya sabéis, me gusta darle la vuelta a las cosas. Va a ser un progreso en el trabajo y en la calidad de vida. Es barato, podré ahorrar bastante y hacer más viajes. Recuerdo cuando llegué de pequeña. Mi padre estaba cansado de Alemania y en cuanto murió mi madre nos marchamos. La muerte de papá tampoco nos hizo volver a Alemania. Volver a San Félix será todo un cúmulo de emociones y recuerdos. Seguro que poca gente me reconocerá, o tal vez sí, tengo ganas de comprobarlo. Todavía no sé cuándo me voy, pero mentalmente tengo que prepararme. Pasar de estar rodeada de personas y tráfico a estar rodeada de personas y campo tiene que ser un *shock*. Me cuesta dejar la ciudad, no puedo negarlo, y eso que no tengo muchos recuerdos acumulados, no ha pasado tanto tiempo desde el divorcio. Despedirme para mí es un gran esfuerzo, supongo que me arraigo demasiado a las ciudades, me hacen sentir libre e independiente.

Él sabe de sobra que soy una persona rebelde que se enfada con facilidad cuando alguien intenta frenarla. Ahora que lo pienso, no sé si estoy realmente preparada para vivir en un pueblo donde todo el mundo se conoce y te juzgan demasiado rápido, más aún, perteneciendo a un grupo político *(A sí misma)*.

¡Uf, estaré en boca de todos! Tranquila, Emma, siempre consigues lo que te propones. Estarás en San Félix y serás admirada, un modelo a seguir. Tu otro yo… ni siquiera le vas a dar lugar a que asome la cabeza.

(Cambiándose el traje azul por el mono gris) Al llegar allí, me di cuenta de que nadie me reconocía, aunque no me desanimé. Tengo un nuevo reto y lo voy a conseguir, pronto todos sabrán quién es la autora de los artículos sobre asesinatos del *Diario Voz*. No tardé mucho en enterarme de que efectivamente era la nueva jefa del partido. A mi hermano guardar secretos no se le da bien. Me querían dar la noticia en una fiesta de bienvenida, pero mi hermano… Fue interesante actuar como si no supiera nada. Tanto como salir a hacer un poco de deporte y ver este pueblo rodeado de campo. Es primavera, me encanta la primavera. *(Imaginando)* Por aquí parece que no hay nadie. Solo flores. *(Hace gesto de oler)* Es muy agradable el olor de las flores, el olor de los tulipanes…

10: Aran

Bastian, Aran, Emma, Hermano

ARAN *y* BASTIAN *se pasean por el escenario de la mano. Cada uno lleva un tulipán en su mano. Se acercan a* EMMA.

Bastian: ¡Hola! ¿Tú no eres de aquí, verdad? Me llamo Bastian.

Aran: Yo me llamo Aran, ¿te gustan los tulipanes?

Emma: Me encantaría tener un ramo de hermosos tulipanes que dieran color a mi nueva casa. *(EMMA saca un pañuelo de su bolsillo y le tapa la boca a* ARAN. *Este cae al suelo.* EMMA *le quita el tulipán a* BASTIAN *y saca un machete de su otro bolsillo. Corta el tallo.* BASTIAN *ve la escena y sale corriendo por el patio de butacas)* Pero una vez arrancados se marchitan enseguida. *(EMMA llora. Tira el tallo del tulipán hacia donde está* ARAN *tumbado)* ¿Por qué sucede esto? Son tan hermosos. *(EMMA coge en brazos a* ARAN, *que está tendido en el suelo, y se lo lleva fuera de escena. Entra de nuevo sola masticando un chicle)* Ha sido un paseo corto pero intenso.

(Coge el tulipán de ARAN *que está en el suelo)* Solo ha quedado uno, ¡maldita sea! Podría decir que con esto estoy acabada, pero no me permitiré tirar la toalla tan pronto. *(Pausa. Al público).* ¿Qué hacéis mirándome? ¡Dejadme en paz! ¡No soy ningún monstruo! *(Envuelve el chicle en el tulipán y lo tira a la papelera)* Hay monstruos peores que yo, monstruos que aniquilan a todo un pueblo fabricando bombas nucleares y productos que crean adicción. Estoy harta de esconder mis sentimientos, quiero amar. No voy a dañar a nadie por amar. *(A sí misma)* No debería haberlo hecho, y menos aquí. *(Busca alterada un papel y un boli)* Debo escribir un artículo enseguida, la maldita Rata ha actuado de nuevo y esta vez lo ha hecho fatal. ¿Por qué me he dejado llevar tanto? He roto mi *modus operandi,* atraparlos cuando están solos. *(Se sienta a escribir).*

Oscuro. HERMANO *entra y se dirige a* EMMA.

Hermano: Hola, Emma, ¿se puede?

Emma: *(Sin dejar de escribir)* Sí, claro, pasa.

Hermano: Ha sucedido algo terrible, han encontrado el cuerpo de un niño en el campo, en un estado… El pueblo está alarmado, dicen que las pistas son las mismas que deja La Rata.

Emma: La Rata no deja pistas.

Hermano: Según la policía…

Emma: Lo sé muy bien. Te recuerdo que tengo un máster en Criminología, cuando escribo soy totalmente consciente de todo.

Hermano: Ya. El caso es que el discurso de tu mitin debe cambiar un poco, sé muy bien que entiendes de estas cosas. Los partidos rivales hablarán sobre ello, Emma, pero tú lo vas a hacer mucho mejor.

Emma: No lo dudes, ya tengo aquí algunas cosas.

Hermano: ¿Puedo leerlo?

Emma: Prefiero que lo escuches directamente.

Hermano: Genial, todo va a salir bien, ya verás. Adiós, Emma, nos vemos en el mitin.

Emma: Adiós, hermano.

11: Mitin

Emma, Voces de fuera, Hermano, Policía

HERMANO *sale de escena.* EMMA *se queda.*

Emma: ¿No es maravilloso tener a un hermano dispuesto siempre a ayudarte? Ya está todo preparado. Daré ese mitin y cada palabra entrará de lleno en los corazones de cada ciudadano. Cada vez estoy ganándome más la confianza de las personas, debo preparar el terreno para mi llegada a la alcaldía. Hasta ahora me consideran una persona humilde, honesta y en la que pueden confiar. Están seguros de que haré grandes cosas por este pueblo. Tengo que hacer todo lo posible para que vean que lo que pienso, digo y hago tiene concordancia, lo que yo llamo mi triángulo equilátero. En este momento me siento omnipotente; creo el problema, protesto y prometo resolverlo, así es como llegaré lejos.

Dar un mitin después de una tragedia no es lo más acertado, pero las elecciones deben celebrarse. *(Reviviendo mitin)* Ahí estoy yo. Esta vez tengo que ser más cercana, quizás un traje pantalón y *blazer,* sí, ambos de color verde agua para aportar calma y esperanza. Estoy nerviosa, es muy importante para mí. Por todos lados se ve el lema que define mi candidatura: «Emma, el cambio».

Se oye el lema de fondo. Oscuro. EMMA *se cambia el mono por el traje verde agua y se coloca en proscenio.*

Gracias por estar hoy aquí conmigo, apoyando el futuro de este pueblo, porque ese es exactamente el resultado que van a dar mis votos. Podría prometeros que estos momentos de angustia pasarán, que todo va a volver a la normalidad, pero soy más de hacer. Señoras y señores, estoy dispuesta a ofreceros mi esfuerzo para cambiar este pueblo, para darle el valor y el cariño que se merece.

Voces de fuera: *(Aplausos)* ¡Estamos contigo, Emma!

Emma: Estoy dispuesta a combatir la criminalidad y la desfachatez de ese pervertido que ha manchado nuestro pueblo. La esperanza va a quedarse entre nosotros y nuestra lucha.

Voces de fuera: *(Aplausos)* ¡Di que sí, te apoyamos, Emma!

Oscuro. EMMA *se pone el mono gris.*

Emma: *(Al público)* No hay nada peor que la pérdida de un hijo, y más en estas circunstancias. *(A sí misma)* Lo siento mucho. *(Al público)* A pesar de ello, me gané a todos. Las cartas ya estaban sobre la mesa, solo faltaba elegir las correctas. El discurso duró aproximadamente una hora y media, el público parecía muñequitos inmóviles *(suspira)*. Mi hermano me dio un abrazo en cuanto bajé del escenario. *(Se abraza a sí misma)* Nunca lo olvidaré. Los días previos a las elecciones son mortales, casi no duermo, y eso que podía estar tranquila con los resultados. Voy a ganar, he acabado en el partido más influyente. Es un pueblo, sí, pero seré la persona más importante. *(A sí misma)* ¿Por qué mi hermano habrá pensado en mí para este puesto? ¿Tan hundida me ve después de divorciarme? Lo he pasado mal, pero he encontrado una vía de escape que me funciona. *(Al público)* Como dice Gene Hackman en…, vaya, no recuerdo ahora el título, pero la frase sí, se me quedó grabada: «Hasta el político más honesto le roba caramelos a los niños». Es cierto. Todo son promesas falsas. La política tiene el ADN podrido. Necesita a gente que piense como yo, aunque a veces vaya más allá de robar caramelos.

Sonido de teléfono. POLICÍA *le entrega a* EMMA *un móvil.*

Hermano: *(Voz en off)* ¡Enhorabuena, hermana, lo has conseguido!

EMMA *devuelve el móvil a* POLICÍA.

Policía: *(Con ironía)* Enhorabuena, enhorabuena… Ahora sí que lo has conseguido.

Emma: *(Lo mira con asco. Al público)* Al principio escuchar esa palabra constantemente era maravilloso, luego se volvió algo molesto. Que todo el mundo esté pendiente de ti… Estoy acostumbrada a destacar, pero siempre desde las sombras. Esto es demasiado nuevo y difícil de manejar. *(A sí misma)* ¿Por qué me he metido en política? Es cierto, necesito ese falso halo de respetabilidad. *(Pausa)* Me temo que tendré que despedirme de La Rata.

(Al público) Ahora me estoy convirtiendo en alguien importante, en un modelo a seguir y no puedo, bajo ningún concepto, ser descubierta. Aprovechando mi nuevo puesto, he pedido el anonimato para navegar por internet. El mundo de la *deep web* fue como un salvavidas. Las páginas webs que encontré eran un auténtico mundo de fantasía y confidencialidad; de hecho, pasaron a ser como una droga. Es un dinero bien gastado. Podía ver todo lo que deseaba sin tener que moverme de mi despacho. Y para la tranquilidad de la ciudadanía, no soy la autora de esas películas *snuff.*

Intento concienciarme, pero admito que en directo es mucho más excitante. Tampoco es que tenga muchos ratos libres. Los pocos que la alcaldía me permite me encierro en el despacho, pongo el cartel de «no molestar» y listo; me dejo llevar. *(A sí misma)* Esto es justo lo que quiero, ¿o no? Estos tiempos de soledad me están volviendo loca. *(Al público)* Menos mal que por esos foros hice amigos. Mi amigo Iván es mexicano. Con mi *nick*, «Animalitos», hablamos cada noche de nuestras experiencias y compartimos… *(Susurrando)* cositas.

12 : Deep web

Iván, Animalitos (Emma), Emma

EMMA *saca un ordenador del baúl. En una pantalla a su espalda aparece la conversación leída.*

Iván: *(Voz en off)* Hola.

Animalitos: Hola.

Iván: *(Voz en off)* ¿Eres un Animalito?

Animalitos: No, pero me gustan mucho.

Iván: *(Voz en off)* ¿Qué es lo que te gusta mucho?

Animalitos: Ja, ja, ja, adivina adivinanza.

Iván: *(Voz en off)* A mí también me gustan los cachorros. ¿AoA?

Animalitos: De 4 a 8 años.

Iván: *(Voz en off)* ¡Qué cerdo! Yo de 6 a 9.

Animalitos: Tú tampoco te quedas atrás, ¿eh? ¿Algún ami-guito especial?

Iván: *(Voz en off)* Sí, he repetido varias veces. ¿Tú?

Animalitos: Me cuesta decidir, tengo varios.

Iván: *(Voz en off)* ¡Eres todo un ejemplo, *boylover!*

Animalitos: ¿Tienes algo bueno?

Iván: *(Voz en off)* Mucho. ¿Quieres normales, especiales o súper?

Animalitos: ¿Cómo?

Iván: *(Voz en off)* Joder, ¿te lo tengo que explicar? Mira, te paso uno, es fuerte… con muerte y todo.

Animalitos: Ese me gusta.

Iván: *(Voz en off)* Pues claro, ¿a quién no?

Emma: *(Guarda el ordenador en el baúl. Al público)* Le di mi correo especial y me ha llegado enseguida. Mejor de lo que esperaba. Aun así, necesito una última vez, aunque sea de forma más reservada. Me lo tomaré como una fiesta privada por haber ganado las elecciones. *(Con la mirada perdida)* Necesito despedirme de ese niño. Sus ojos oscuros, su media melena castaña, su piel bronceada. Es difícil olvidarlo, lo tengo *(señala su cabeza)* aquí metido. Se fue muy deprisa, no logré alcanzarle, maldita sea.

Natalia era la psicóloga que se encargaba del caso. Esto es lo bueno que tiene ser alcaldesa, la policía me daba la información necesaria sin saberlo. Mi hermano me dijo el resto. El gabinete de Natalia era cálido y maternal como ella misma. Bastian salió del despacho y, entonces, solo tuve que esperar a que Natalia quisiera hablar a solas con su madre.

13: Bastian

Emma, Natalia, Hermano

BASTIAN *entra a escena.* EMMA *consigue atraparle, le tapa la boca con un pañuelo.* BASTIAN *se desploma. A espaldas del público* EMMA *saca del baúl una sábana y lo tapa.* EMMA *coloca una cámara, de espaldas al público, saca un machete y se dispone a acuchillar a* BASTIAN. *El teléfono la interrumpe.*

Emma: *(Hablando por teléfono)* ¿Sí?... Ah, hola, hermano... Lo siento, ahora mismo me pillas un poco ocupada, no puedo ir a la sede... Porque no puedo... Sí, estoy en el despacho de casa... Pero ¿qué ha pasado?... Más te vale que sea urgente... ¿Bastian?... ¿Ha vuelto a atacar?... Está bien... *(Cuelga)* Ya no puedo tener ni ratos libres. Bueno, lo dejaré aquí. Shhh, me guardáis el secreto, ¿verdad? *(EMMA coge un chicle, tira el envoltorio al suelo y sale de escena).*

NATALIA y HERMANO *entran en escena.*

Natalia: Se lo han llevado de mi propio despacho. ¡Trabajo para la policía, por Dios! La madre se desmayó en mis brazos, tuve que llamar a una ambulancia.
Hermano: ¿Y la policía?
Natalia: Están interrogando a los vecinos.
Hermano: Tengo que llamar a mi hermana. Precisamente ayer le dije a qué hora estarías con Bastian. Es un tema que le preocupa; tiene mucha responsabilidad como alcaldesa.
Natalia: ¿Emma? *(Silencio)* ¿Estaba contigo Emma cuando atraparon a Aran?
Hermano: No, se fue a hacer deporte por el campo.

Natalia: ¿No te extraña que La Rata haya llegado, de repente, hasta este pueblo?

Hermano: Por favor, Natalia, déjate ya de imaginaciones.

Natalia: Cada vez que la saludo y voy con el niño puedo notarlo. Tengo que hablar con Geraldo.

Hermano: ¿El jefe de policía, para qué?

Natalia: Piénsalo: sabía dónde estaba Bastian, en el informe se habla de un envoltorio de chicle de la marca que ella suele tomar; tuvo ocasión de estar en el sitio donde encontraron a Aran y llega al pueblo justo cuando La Rata aparece…

Hermano: Llevo toda la vida con mi hermana, la conozco bien. ¡Joder, Natalia, es Emma! Antes de hablar con Geraldo, toma *(le entrega unas llaves),* me dio una copia de la casa. Ve y convéncete de una vez; Emma no tiene nada que ver.

Natalia: No puedo presentarme allí como si nada, ¿qué excusa tengo?

Hermano: *(Con el teléfono en la mano)* Emma, soy yo… ¿Puedes venir a la sede?… ¿Por qué?… ¿Estás en casa?… Es necesario que vengas… Es importante… Bastian ha desaparecido… Creen que ha sido La Rata… Habría que preparar un comunicado… *(Cuelga el teléfono y mira a* NATALIA*)* Vía libre.

Oscuro. HERMANO *sale de escena. Se escucha el ruido de unas llaves, seguidamente la luz de una linterna se mueve sobre el escenario.* NATALIA *enciende la luz.*

Natalia: *(Apaga la linterna. Parada frente a la sábana. Grita)* ¡No, no, no! Maldita sea, hemos llegado demasiado tarde. *(Pausa breve)* Espera, parece que aún respira, el machete aún está limpio, la sábana está completamente blanca. *(Coge un móvil del bolsillo)* Buenas tardes, necesito una ambulancia ahora, tengo a una víctima de La Rata. *(Pausa)* ¿Usted cree que estoy bromeando? Escuche, soy psicóloga, trabajo con la policía, así que déjese de estupideces y traiga una ambulancia ahora mismo. Calle Esperanza, número 5. *(Cuelga. Mira un tulipán que está junto a la sábana. Lo coge. Al público.)* Quiso salvar a su hermano y el miedo le hizo escapar. *(Deja el tulipán al lado de la sábana. Se arrodilla)* Conozco a Emma desde siempre y nunca me ha gustado su forma de mirar a mi hijo. *(Abre el baúl que hay en el escenario y empieza a sacar papeles)* Emma sabe detalles sobre los crímenes de La Rata que otros periódicos desconocen. Se atrevió a exponerlos en su periódico, supongo que como todo asesino en serie necesita sus asquerosos trofeos. No es que lo supiera, realmente, pero tengo años de experiencia. Según el criminólogo John Douglas, se les pone la mano húmeda cuando están cerca de un niño y nunca aprietan. Se debe tener en cuenta todas las hipótesis por muy estúpidas que parezcan. Admito que nunca me he topado con esta tendencia en mujeres. Hay tantas lagunas en psicología referentes a este tema… Emma sabe esconderse y engañar demasiado bien, pero una vez que explota, no puede guardar el secreto por mucho tiempo.

14: Cadenas

Policía, Emma, Natalia, Hermano

POLICÍA *entra a escena con* EMMA *agarrada.* HERMANO *la empuja y lanza contra el suelo, al lado de la sábana.* NATALIA le *da a* HERMANO *unos papeles.*

Policía: *(A* EMMA. *Leyendo un papel)* Uriel Lopezosa, Deniz Gallardo, Bruno Crespillo y los hermanos Aran y Bastian Mendoza. En total han sido cuatro víctimas y Bastian. *(Le obliga a* EMMA *a que mire hacia la sábana).* Según las autopsias e informes de cada una de las víctimas, fueron drogadas con cloroformo antes de recibir las múltiples heridas, procedentes de un arma blanca *(*NATALIA *coge el machete y señala a* EMMA*),* causando la evisceración de la membrana peritoneal, lo que ha provocado, aproximadamente, la pérdida de un tercio de la cantidad media de sangre presente en el cuerpo humano. En resumen, el *modus operandi* es inducción de un pequeño coma a través de cloroformo, acuchillamiento hasta la muerte y abandono del cuerpo cerca del lugar del crimen. La única pista encontrada es un envoltorio de chicle sabor «Passion».

HERMANO *hace gesto al* POLICÍA *para que espose a* EMMA.

Emma: ¡Cuidado! Me aprietan demasiado.
Natalia: El corazón también aprieta cuando pierdes a un hijo, Emma. (POLICÍA le *aprieta las esposas aún más)* Y mucho.
Emma: Insensible… Necesito mover las muñecas, necesito escribir.
Hermano: Ay, Emma… Dentro de unos segundos dejarás de ver el sol.
Emma: Hoy no hace sol, está nublado.

Natalia: Sí, tienes razón, ya ni el sol quiere verte, Emma.

Emma: Deja de decir estupideces.

Hermano: Querida Emma, no sé si te echaré de menos, pero cuídate. Yo que tú no dejaría que me vieran mucho por estos pasillos.

Emma: Tengo preocupaciones y cosas en las que pensar, no necesito ver a nadie.

Hermano: Entonces mejor *(se va)*.

Emma: *(Lo frena)* Espera.

Hermano: ¿Qué?

Emma: Dime que vendrás de vez en cuando.

Hermano: Si te soy sincero, no sé si voy a querer verte.

Emma: Solo te tengo a ti, hermano.

Hermano: Siempre dices que te tienes a ti misma y que con eso te basta. Adiós, Emma.

HERMANO *y* POLICÍA *salen de escena.*

Natalia: *(Suspira)* ¡Emma! Tan dulce por fuera y, a la vez, tan miserable por dentro. Me pregunto cuál será el origen de este comportamiento.

BASTIAN *se despierta.* NATALIA lo auxilia y *sale de escena con él en brazos.*

Emma: *(Al público)* Ese día supe que algo no iba bien. A lo largo de los años todo se ha alejado. Me he convertido en una bola a la que todos patean. La Rata ha acabado en el olvido. La fama puede durar muy poco. Me han escondido, como lo hizo mi padre, como lo hice yo con mis animalitos. *(Suspira)* Es cierto eso que dicen, todo tiene un final y el pasado debe ser sepultado. Mi recuerdo como política parece que ha muerto también. Sin embargo, mi tiempo entre rejas lo he aprovechado para reflexionar, aprender cosas nuevas. Puedo decir que soy experta en técnicas de limpieza con y sin maquinaria. Agradezco enormemente que me hayan dejado un ordenador para hacer el curso *online*. Sé que mi carrera laboral está manchada, nada va a ser como antes. Estoy perdida y no sé qué será de mí. Obviamente no volveré a San Félix, ¿para qué? Allí una rata es ahora mucho más pulcra que yo. Sé que mi monstruo ha destrozado muchas familias. *(Se mira al espejo)* Me destruí a mí misma, pero ya he cumplido mi castigo. Ahora debo adaptarme a mi nueva vida. *(Se ríe)* La suerte me vuelve a sonreír. Me han dado trabajo como limpiadora en la guardería de una nueva ciudad donde mi objetivo es pasar desapercibida. Soy buena realmente en esto, no dejo ningún rastro. Desapareceré como deseé en un principio. Aun así, alguna huella seguro que he dejado, la curiosidad estará ahí para todos los interesados en mi historia. Así debe de ser la vida, un libro cuyas páginas están marcadas con cada hecho, y en cada uno se esconde un secreto. *(Coge el machete y se lo guarda)* Me lo guardáis, ¿no?

EMMA *está mirando hacia abajo con la mirada perdida, en el centro del escenario.*

Emma: *(Alzando la mirada con una sonrisa macabra)* Soy Emma *(quitándose las esposas)*, Emma Orth.

EMMA *se va por el patio de butacas jugueteando con las esposas en sus manos.* URIEL, DENIZ, BRUNO, ARAN *y* BASTIAN *la acompañan en fila.*

TELÓN

Cuadros

Agradecimientos

Antes de echar el telón definitivamente, me gustaría dar las gracias a todas aquellas personas que me han acompañado a lo largo de toda esta aventura creativa.

A Eduardo Chivite, mi tutor de TFE, que ha estado acompañándome desde el principio hasta el final de la obra.

A mi primo hermano Manuel Pérez, por el diseño y la creación de la portada presente en este libro.

A Marta Martín (Mcloudsm), por esas ilustraciones tan auténticas que han añadido un toque más artístico a cada cuadro.

A mamá, por su atención y escucha a la hora de exponerle ideas y leerle cada fragmento, escena o características nuevas de algún personaje.

A papá, Alicia López y mi mejor amiga, Clara Bermúdez, por formar parte de esos primeros lectores, por mostrarme su intriga y reflexiones ante Emma y todo lo que la rodea.

A ti, lector, por darme la oportunidad de enseñarte una nueva historia a través del teatro.

www.ingramcontent.com/pod-product-compliance
Lightning Source LLC
Chambersburg PA
CBHW022201150726
47992CB00002B/906